\ 職場ですぐできる

JN121273

腰痛対策の新常識

松平 浩　川又 華代 : 著

中央労働災害防止協会

はじめに

　腰痛は、腰や臀部、背部の痛み、不快感の総称で、生涯有訴率が 8 割以上と、とても身近な症状です。また、生産性の低下をきたす代表的な症状として挙げられており、職場で対策をとることが期待されています。

　腰痛は、ぎっくり腰のように突然起きる場合や、徐々に症状が現れ、きっかけが特に見当たらないこともあります。また、再発を繰り返しやすいこともわかっています。

　そのような、慢性腰痛やぎっくり腰を含む「基本的に心配のいらない腰痛（セルフケアできる腰痛）」に対する対策について、長引かせない工夫と再発予防法として、職場ですぐできる具体的な方法をまとめています（心配のいらない腰痛かどうかの見極めは下記を参照）。

　ぜひ、ここに記載されている方法を実施し、自分で腰痛をコントロールしていきましょう。

心配のいらない腰痛（セルフケアできる腰痛）かどうか確認してみましょう

☑ **こんな症状はないですか？ セルフチェックしてみましょう!**

- ☐ 1　**横向きでじっと寝ていても腰がうずくことがある**
  （内科的な病気や背骨の悪い病気の可能性）
- ☐ 2　**痛み止めを使っても頑固な痛みがぶり返す**
  （内科的な病気や背骨の悪い病気の可能性）
- ☐ 3　**痛みがおしりからひざ下まで広がる**
  （ヘルニアなどによる神経痛の可能性）
- ☐ 4　**原因不明の熱がある**
- ☐ 5　**就寝後に痛みで目を覚ます**

いずれかに該当した場合は「病気が原因の腰痛」の可能性があるので医療機関を受診してください。

目 次

① 腰痛が起こる代表的な2つの原因

　腰痛の原因は、腰への負担と、職場でのストレスや腰痛が悪化することへの不安で脳機能の不具合を起こす場合があり、両者はしばしば一緒に起こります。後者に関しては、心理社会的ストレスが脳機能の不具合を生じ、抑うつや睡眠障害と同様のメカニズムで腰痛が現れることがあります。

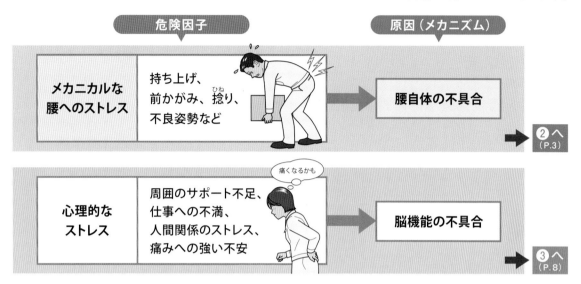

危険因子 / 原因（メカニズム）

| メカニカルな腰へのストレス | 持ち上げ、前かがみ、捻り、不良姿勢など | 腰自体の不具合 | ②へ（P.3） |
| 心理的なストレス | 周囲のサポート不足、仕事への不満、人間関係のストレス、痛みへの強い不安 | 脳機能の不具合 | ③へ（P.8） |

痛くなるかも

出典：松平浩、「新しい腰痛対策Q&A21」を基に作成

② 腰自体の不具合に対する方法

2-1 日ごろたまりやすい「腰痛借金」

腰へ知らぬまにたまる負担、それが腰痛借金

　前かがみ姿勢を続けると、背中の筋肉が必要以上に収縮して、椎間板に負担がかかります。このことを「腰痛借金」と呼んでいます。借金を放置しておくと、ある日突然激しい痛みを伴う「ぎっくり腰」や「椎間板ヘルニア」が起こりやすくなります。

線維輪

線維輪が傷ついて
ぎっくり腰に！

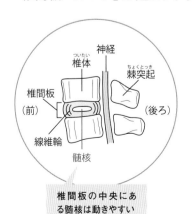

神経
椎体（ついたい）
棘突起（きょくとっき）
椎間板（前）
線維輪
髄核
（後ろ）

椎間板の中央にある髄核は動きやすい

腰痛借金がたまると、髄核が中央から背中側へ移動！

髄核

髄核が飛び出すと
椎間板ヘルニアに！

2-2 「腰痛借金」をためないために

① これだけ体操®

これだけ体操®

たった3秒の体操で腰痛借金を返済できます!

（1）足を開き骨盤を前に押し込む
（2）3秒キープ
（3）ゆっくり元の姿勢に戻る

予防の場合
1日1～2回

治療の場合
1日10回
（徐々に手の押し込みを強く）

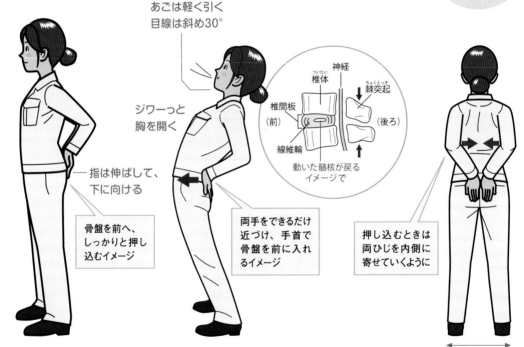

あごは軽く引く
目線は斜め30°

ジワーっと胸を開く

指は伸ばして、下に向ける

骨盤を前へ、しっかりと押し込むイメージ

椎体（ついたい）
神経
棘突起（きょくとっき）
椎間板（前）
（後ろ）
線維輪
動いた髄核が戻るイメージで

両手をできるだけ近づけ、手首で骨盤を前に入れるイメージ

押し込むときは両ひじを内側に寄せていくように

足は肩幅より少し広めで平行に開く

かかとが浮くか浮かないかくらいのつま先重心で膝をのばして支える

肩幅より少し広め平行!

効果的なタイミング：習慣化していきましょう!

ステップ1 ⇨ 朝の歯磨き前に実施（朝の貯金）
ステップ2 ⇨ 昼食の後に実施（昼の貯金）
ステップ3 ⇨ 猫背での作業後など、そのつどこまめに貯金!

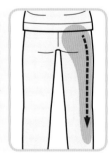

これだけ体操®中に、もし図に示す、おしりから太ももにかけて痛みやしびれが出たら、すぐに中止して整形外科に相談してください。

② 腰にやさしい姿勢

日常生活のなかで、「腰痛借金」をためない姿勢を
心がけることも対策のひとつです。

ものを持つときの姿勢、「ハリ胸」

　ものを持ち上げるときに、この「ハリ胸」姿勢を無意識
にとれるようになると「腰痛借金」が増えずにすみます。※
胸を張り、背中や腰はまっすぐにし、片ひざをつき、
ものはおへその近くで持つ ※出典：Hayashi S, et al. J Phys Ther Sci；2016.

NG例

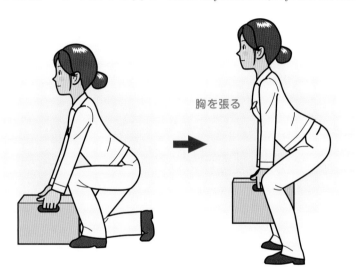

胸を張る

「職場における腰痛予防対策指針」
によると人力のみで取り扱うもの
の重さは、男性はおおむね体重の
40％、女性は男性の体重の25％
未満と示されています。体重70kg
の男性の場合は70×0.4＝28kgと
なりますが、25kg程度を目安にす
るとよいでしょう。

腰にやさしい座り方

（1）肩の力を抜き、
　　　背筋を伸ばし骨盤を立てる

（2）耳と肩が一直線になるよう、
　　　軽くあごを引く

▶ 長時間椅子に座るときの工夫
バスタオルを折って腰やおしりの
真下に敷いてサポートすると姿勢
を維持しやすいです。

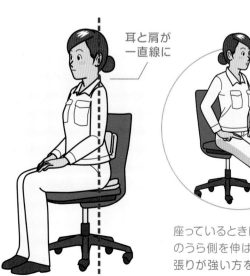

耳と肩が
一直線に

ハムストリング

座っているときに1日1回、太もも
のうら側を伸ばしましょう。
張りが強い方を優先で。

休憩室でも
貯金ができる！

もう1ランク上を目指すあなたへ、インナーマッスル体操

　以下の２つのメニューによりインナーマッスル（身体の深部にある筋肉）を鍛えると、「腰痛借金」がたまりにくくなり、腰にやさしい姿勢を保ちやすくなります。

ドローイン

1日に1回

① あおむけの姿勢で
　足を肩幅程度に開き
　鼻から息を大きく吸って
　おなかをゆっくりふくらます

鼻から息を吸う

② ゆっくりと息を吐きながら、
　下腹部をしっかりとへこませ
　10秒以上保つ

口からゆっくり息を吐く

アームレッグレイズ

1日左右1回

① よつばいになり
② 足を上げ
③ 逆の手を上げる
④ 10秒保持

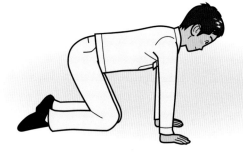

アームレッグレイズ

手足は力まずあげる　　背中は水平

視線は下

6

コラム　なるかもしれない「ぎっくり腰」

こんなときは注意しましょう

「くしゃみ」や「せき」をするときの姿勢

「くしゃみ」や「せき」は、瞬間的に椎間板に大きな負担がかかり、「ぎっくり腰」や「ヘルニア」を誘発することがあります。

「くしゃみ」や「せき」をするときは、急激に前かがみにならないように、上体を後ろに反らせ気味の姿勢で、可能であれば壁・机に、座っていれば机や自分の膝に片手を付いて衝撃を和らげましょう。

※手を付くことにより、椎間板への負担が減ることが研究により証明されています。

出典：Hasegawa T,et al. Gait Posture 40,2014.

「ぎっくり腰」になってしまったら…

❶ うつ伏せになって深呼吸

3分間深呼吸

❷ 胸の下に枕を入れる
　 足を肩幅くらいに開く

3分間深呼吸

❸ ひじを立てて、
　 ゆっくり体を反らす

3分間深呼吸

❹ 腕を伸ばしながら
　 無理のない範囲で反らす
　 もっといけるなら
　 最大限反らす

5〜10秒間保つ
×10回

おしりからももにかけて痛み、しびれがあったら中止します！

7

③ 脳機能の不具合に対する方法

（ストレスに伴うドーパミンやセロトニンの分泌不足など）

周囲のサポート不足や仕事への不安、人間関係のストレス、痛みへの強い不安などの心理・社会的なストレスが、快感や、痛みを抑えることに重要な役割を果たしているドーパミンを分泌しにくくします。さらには、健全な精神状態を保つために重要なセロトニンの分泌も低下し、自律神経のバランスも乱れ、さまざまな症状が現れることがあります。

ドーパミン
セロトニンの
反応が悪い

身体症状スケール 日本語版
（Somatic Symptom Scale-8）

最近1週間を通して、以下の体の問題について、どの程度悩まされていますか？

	ぜんぜん悩まされていない	わずかに悩まされている	少し悩まされている	かなり悩まされている	とても悩まされている
1. 胃腸の不調	0	1	2	3	4
2. 背中、または腰の痛み	0	1	2	3	4
3. 腕、脚、または関節の痛み	0	1	2	3	4
4. 頭痛	0	1	2	3	4
5. 胸の痛み、または息切れ	0	1	2	3	4
6. めまい	0	1	2	3	4
7. 疲れている、または元気が出ない	0	1	2	3	4
8. 睡眠に支障がある	0	1	2	3	4

16点以上の場合は、脳機能の不具合に伴う心身の不調が重度である可能性が高いため、総合診療科等の医療機関を受診

出典：Gierk B et al.JAMA Intern Med 174:399-407.2014の日本語版／日本語版：松平浩　ほか／心身医学, 2016.

3-1 職場での心理社会的要因への対策方法

職場に見られるストレスの要因		ストレスに対応するための 「小さな目標」の立て方の例
仕事そのもの	やることが多すぎて いっぱいいっぱい	仕事をリストアップし、やるべきことの優先順位をつけ、終業時には確認のチェックをつける
人間関係	上司と合わない ついていけない	上司の役割や上司の好きな部分、尊敬できるところをあえて書き出してみる
組織内の役割	能力以上の役割が 要求されている	苦手な仕事を書き出し、なぜ苦手なのか、その要因を具体的に探す
	自分の役割が はっきりしない	やってきたこと、これからやるべきことを書き出し、上司に確認する
組織の 構造・風土	組織の方針・仕組みに 対する不満	組織や上司が求めているものは何か、自分なりに考えてみる。引継ぎやミーティングでポジティブに質問し自分の考え方を述べる
	組織や上司の 指導姿勢に対する不満	自己啓発の目標を具体的に設定する。職場内外で理想のモデルを探す
キャリア	将来に対する不安	自分が「出来ること」「やりたいこと」「役に立ちたいこと」を書き出し、3年後、5年後の自分のキャリアアップの理想像を描いて具体的にイメージしてみる

出典：https://lbp4u.com/manual/

3-2 体を動かして自力で脳をリラックス

　日常的な運動実施群と比べ、普段運動していない群では腰痛発症リスクが増大します。ウオーキングをはじめとする全身的な有酸素運動や筋トレは、内因性鎮痛作用（EIH：Exercise-induced hypoalgesia）として働きます。1日に8,000歩の身体活動を目標とし、時間が取れない際は1日合計20分でよいので早歩きや階段の使用（中強度の身体活動）を意識しましょう。

① 適切な歩く姿勢　胸を張り、あごを水平に軽く引き、視線を遠くに
　　　　　　　　　　　　歩幅は少し大きく、かかとから着地します

あごを少し引く

胸を張る

ヘソの下を
意識する

かかとから着地する

　歩きながら、自分自身や周りの景色に注意を向け、いつもより「早歩き」をすることで心身の健康度アップにつながることが多くの研究でわかっています。
　週合計で150分の中強度（早歩きや階段、スポーツ等）の身体活動を目標としましょう。

②「いきいき健康体操」

大がかりな準備はしなくても、手軽に体を動かすことはできます。

美ポジバランス

スクワット

ハリ胸ランジ

いきいき体操

これだけ
体操®

ハリ胸カーフレイズ

肩甲骨回し

～転倒・腰痛予防!「いきいき健康体操」～（4分15秒）
（令和元年度厚生労働科学研究費補助金　労働安全衛生総合研究事業「エビデンスに基づいた転倒予防体操の開発およびその検証」にて製作）

━━━━━━━━━━━━━━━（キリトリ線）━━━━━━━━━━━━━━━

職場ですぐできる! 腰痛対策ポップ

座りっぱなし（セデンタリー）による健康被害も報告されています。
前述した「これだけ体操®」をブレイク（座りっぱなしの中断）として活用するのもよいでしょう。

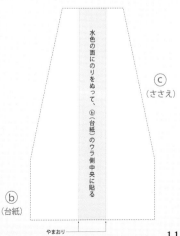
できあがり
完成図

息を吐く

腰痛予防に
これだけ
体操®

❶ 足を開き
　骨盤を押し込む
❷ 3秒キープ
❸ ゆっくり戻す

つま先に重心を
のせるイメージ

中央労働災害防止協会

←切り取って職場の
目に付くところに置こう!

作り方はウラ面に（P.12）

ⓒ
（ささえ）

水色の面にのりをぬって、ⓑ（台紙）のウラ側中央に貼る

ⓐ
（前面）

ⓑ
（台紙）

やまおり

コラム　睡眠や喫煙も？ 生活習慣と腰痛の関係

　腰痛持ちの方には睡眠障害を伴う場合が少なくなく、睡眠障害（質・時間）は、翌日の腰痛を予測すると言われています。睡眠への介入が腰痛を改善した研究結果もあります。普段から、決まった時間に就寝・起床するよう心がけ、生活リズムを整えることが快眠への第一歩になります。

　また、喫煙と飲酒は、腰痛発症のリスクや有訴率との関連が指摘されています。

　腰痛の予防には健康的な生活習慣と穏やかでストレスが少ない生活を送ることが大切です。

────────〈キリトリ線〉 ────────

腰痛予防に これだけ体操® ／ 職場ですぐできる！ 腰痛対策ポップの作り方

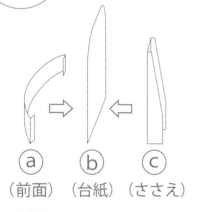

ⓐ　　ⓑ　　ⓒ
（前面）　（台紙）　（ささえ）

＼ 使用例 ／
デスクの上に置く
コピー機の上に置く

つくりかた

ⓐ（前面）をⓑ（台紙）の前にくるように貼って、
ⓑ（台紙）のウラにはⓒ（ささえ）を貼ろう。
ⓐ（前面）とⓒ（ささえ）は、
ⓑ（台紙）の底（辺）にあわせると、
　台紙がうまく立つ。

↰
ダウンロードは
ココから！

3-3 腰痛が長引く主犯「恐怖回避思考」

腰痛の重要な危険因子の1つである
恐怖を回避する思考・行動 ― 心配し過ぎは要注意！―

　「肉体的な重労働は、腰に悪いとよく言われる。心配だ」「腰痛を感じた時は、とにかく無理をせず通常の仕事には戻らないほうがよい」などといった、腰痛に対する強い恐怖感と、それに伴う過剰な活動の制限（専門的には恐怖を回避する思考・行動と言います）が、かえって腰痛の予防や回復にとって好ましくないことが多くの研究結果からわかってきました。楽観的に腰痛と上手に付き合い前向きに過ごすことが肝要です。

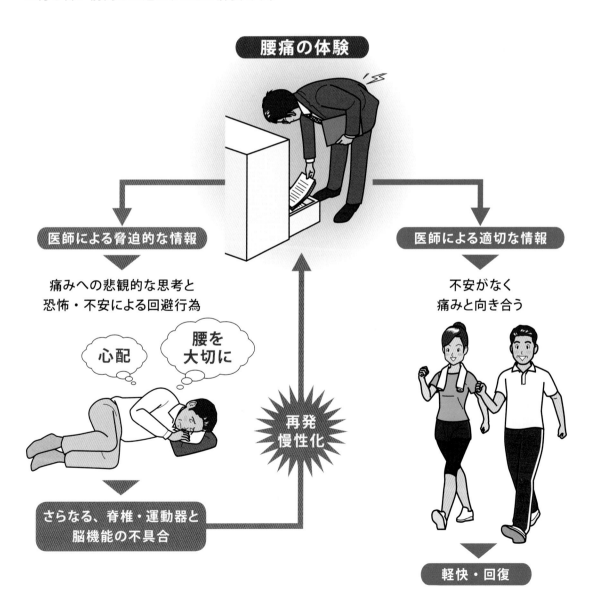

13

④ 知っておきたい腰痛の新常識！

❶ 腰痛があるとき「とりあえず安静」はNG？

「心配のいらない腰痛」（セルフケアできる腰痛）であれば、
「安静」にする必要はありません。
日常生活や仕事などの普段の活動をできる範囲で行います。

　安静にし過ぎることで、腰痛が再発、慢性化しやすくなることがわかっており、安静にするならば、ぎっくり腰の直後であっても長くて2日までが望ましいとされています。

動いて治せ

❷ レントゲンやMRIの画像所見、それが腰痛の原因と思っていませんか？

画像所見で「すりへっている」「変形している」「ヘルニアがある」
「すべり症」「分離症」などと指摘されても、腰痛の原因説明は必ずしもできません。
腰痛のない人にもいずれかの所見がみられることが多いからです。

　画像所見で異常を指摘されても、腰痛の判断材料として悩み続ける必要はありません。

画像を気にするな

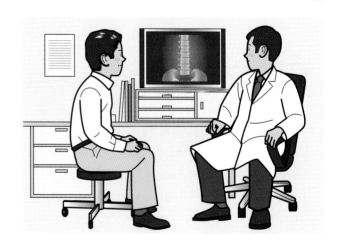

❸ 痛みへの恐怖・不安から腰をかばいすぎるのもNG？

腰痛に対する痛みへの恐怖感や、
「また痛くなるかも」という心配から
過剰に活動を制限するのも、
回復に好ましくないことがわかっています。

　腰痛を気にし過ぎてしまうと、あなた自身が腰痛に支配されてしまいます。腰痛に注意を向け過ぎないことが回復につながりやすくなります。

腰をかばうな

❹ コルセットをしていれば腰痛が予防できる？

痛みに対する不安や恐怖から
コルセットなどを習慣的に使うことは、
かえって腰周りの筋力が低下したり、
そういった不安や恐怖から過度に腰をかばう
生活の方が腰痛を慢性化させる
危険があります。

　医学的な知見からは長期にわたって使うメリットはほとんどないと言われています。
　実際、職業性腰痛の予防に関してコルセットや腰痛ベルトは、持ち上げ動作の負荷軽減や腰痛による休職にも効果が期待できないことなどから、腰痛診療ガイドライン（日本整形外科学会・日本腰痛学会.2019）ではコルセットの直接的な腰痛予防効果は乏しく、その推奨度は「なし」と判定されています。

コルセット依存

参考文献
松平浩『一日3秒 これだけ体操 腰痛は「動かして」治しなさい』講談社（2016）
松平浩『NHK まる得マガジンムック 3秒から始める 腰痛体操＆肩こり体操』NHK出版（2019）

著者：松平 浩 医学博士

元 東京大学医学部附属病院　22世紀医療
センター　運動器疼痛メディカルリサーチ＆
マネジメント講座長、特任教授
令和5年よりテーラーメイドバックペインク
リニック（TMBC）院長
腰痛のメカニズムの解明や新たな観点での運
動療法の提案・普及を推進する「腰痛対策の
スペシャリスト」。

著者：川又 華代 理学療法士

元 東京大学医学部附属病院　22世紀医療
センター　運動器疼痛メディカルリサーチ＆
マネジメント講座特任研究員
中央労働災害防止協会　健康快適推進部

\ 職場ですぐできる! /
腰痛対策の新常識

令和元年6月20日　　第1版第1刷発行
令和4年1月31日　　第2版第1刷発行
令和6年7月22日　　　　第6刷発行

著　者　松平 浩
　　　　川又 華代
発行者　平山 剛
発行所　中央労働災害防止協会
　　　　〒108-0023　東京都港区芝浦3丁目17番12号 吾妻ビル9階
　　　　電話〈販売〉03（3452）6401
　　　　　　〈編集〉03（3452）6209
　　　　ホームページ　https://www.jisha.or.jp/
デザイン　新島浩幸
イラスト　佐藤 正
印　刷　一誠堂株式会社
定価：275円（本体250円＋税10%）
21625-0206　©MATSUDAIRA Ko, KAWAMATA Kayo 2022
ISBN978-4-8059-2028-2 C3060 ¥250E